Eu Amo Minha Mamãe

I LOVE MY MOM

Shelley Admont

Ilustrações de Sonal Goyal e Sumit Sakhuja

www.kidkiddos.com

support@kidkiddos.com

First edition

Translated from English by Roberta Guimarães de Souza
Traduzido do inglês por Roberta Guimarães de Souza
Portuguese editing by Thais Osti
Edição em Português de Thais Osti

Library and Archives Canada Cataloguing in Publication
I Love My Mom (Portuguese English Bilingual Edition)/ Shelley Admont
ISBN: 978-1-5259-4003-3 paperback
ISBN: 978-1-5259-4004-0 hardcover
ISBN: 978-1-5259-4002-6 eBook

Please note that the Portuguese and English versions of the story have been written to be as close as possible. However, in some cases they differ in order to accommodate nuances and fluidity of each language.

Para aqueles que mais amo-S.A.

For those I love the most-S. A.

Amanhã será o aniversário da mamãe. O coelhinho Jimmy e seus dois irmãos mais velhos estavam cochichando em seu quarto.

Tomorrow was Mom's birthday. The little bunny Jimmy and his two older brothers were whispering in their room.

"Vamos pensar," disse o irmão mais velho. "O presente para mamãe deve ser muito especial."

"Let's think," said the oldest brother. "The present for Mom should be very special."

"Jimmy, você sempre tem boas ideias," lembrou o irmão do meio. "O que você acha?"

"Jimmy, you always have good ideas," added the middle brother. "What do you think?"

"Hum..." disse Jimmy, pensando concentrado. "Posso dar a ela o meu brinquedo preferido — meu trem!", exclamou, de repente. Ele retirou o trem da caixa de brinquedos e mostrou aos seus irmãos.

"Ahm..." Jimmy started thinking hard. Suddenly he exclaimed, "I can give her my favorite toy — my train!" He took the train out of the toy box and showed it to his brothers.

"Não acho que a mamãe queira o seu trem," disse o irmão mais velho. "Nós precisamos de outra ideia. Algo de que ela realmente irá gostar."

"I don't think Mom wants your train," said the oldest brother. "We need another idea. Something that she will really like."

"Podemos lhe dar um livro," o irmão do meio gritou feliz.

"We can give her a book," screamed the middle brother happily.

"Um livro? É o presente perfeito para Mamãe," respondeu o irmão mais velho.

"A book? It's a perfect gift for Mom," replied the oldest brother.

"Sim, podemos dar para ela o meu livro preferido," disse o irmão do meio, aproximando-se da estante.

"Yes, we can give her my favorite book," said the middle brother as he approached the bookshelf.

"Mas a Mamãe gosta de livros de mistério," disse Jimmy triste, "e esse livro é para crianças."

"But Mom likes mystery books," said Jimmy sadly, "and this book is for kids."

"Acho que você está certo," concordou o irmão do meio. "O que devemos fazer?"

"I guess you're right," agreed his middle brother. "What should we do?"

Os três irmãos coelhinhos estavam sentados pensando em silêncio, até que o irmão mais velho disse,

The three bunny brothers were sitting and thinking quietly, until the oldest brother finally said,

"Só consigo pensar em uma coisa. Algo que nós mesmos podemos fazer, como um cartão."

"There is only one thing that I can think of. Something that we can do by ourselves, like a card."

"Podemos desenhar milhões e milhões de corações," disse o irmão do meio.

"We can draw millions of millions of hearts and kisses," said the middle brother.

"E dizer a Mamãe o quanto nós a amamos," completou o irmão mais velho.

"And tell Mom how much we love her," added the oldest brother.

Eles ficaram muito animados e logo começaram a trabalhar.

They all became very excited and started to work.

Os três coelhinhos trabalharam duro. Eles cortaram e colaram, dobraram e pintaram.

Three bunnies worked very hard. They cut and glued, folded and painted.

Jimmy e seu irmão do meio desenharam corações e beijos. Quando terminaram, eles colocaram mais corações e ainda mais beijos.

Jimmy and his middle brother drew hearts. When they finished, they added more hearts and even more kisses.

Então, o irmão mais velho escreveu em letras grandes:

Then the oldest brother wrote in large letters:

"Feliz aniversário, Mamãe! Nós te amamos taaaaaaaanto. Seus filhos."

"Happy birthday, Mommy! We love you sooooooooo much. Your kids."

HAPPY BIRTHDAY
MOMMY
WE LOVE U SO MUCH
YOUR KIDS

Finalmente, o cartão estava pronto. Jimmy sorriu.

Finally, the card was ready. Jimmy smiled.

"Tenho certeza de que a Mamãe vai gostar," ele disse, limpando as mãos sujas nas calças.

"I'm sure Mom will like it," he said, wiping his dirty hands on his pants.

"Jimmy," gritou o irmão mais velho. "Não vê que suas mãos estão sujas de tinta e cola?"

"Jimmy," screamed the oldest brother. "Don't you see your hands are covered in paint and glue?"

"Oh, oh..." disse Jimmy. "Não tinha notado. Desculpe!"

"Oh, oh..." said Jimmy. "I didn't notice. Sorry!"

"Agora a Mamãe vai ter que lavar roupas no seu próprio aniversário," concluiu o irmão mais velho, seriamente olhando para Jimmy.

"Now Mom has to do laundry on her own birthday," added the oldest brother, looking at Jimmy strictly.

"De jeito nenhum! Não deixarei isso acontecer!" exclamou Jimmy. "Eu mesmo irei lavar minhas calças."

"No way! I won't let this happen!" exclaimed Jimmy. "I'll wash my pants myself."

Juntos, eles lavaram toda a tinta e cola das calças de Jimmy e as puseram para secar.

Together they washed all the paint and glue from Jimmy's pants and hung them to dry.

No caminho de volta para o quarto, Jimmy deu uma olhada em direção à sala de estar e viu que a Mamãe estava lá.

On the way back to their room, Jimmy gave a quick glance into living room and saw their Mom there.

"Vejam, a Mamãe está dormindo no sofá," cochichou Jimmy para seus irmãos.

"Look, Mom is sleeping on the couch," whispered Jimmy to his brothers.

"Vou buscar meu cobertor," disse o irmão mais velho, correndo para o quarto.

"I'll bring my blanket," said the older brother who ran back to their room.

Jimmy ficou de pé olhando a Mamãe dormindo. Naquele momento ele percebeu qual seria o presente perfeito para ela. Ele sorriu.

Jimmy was standing and looking at his Mom sleeping. In that moment he realized what the perfect gift for their Mom should be. He smiled.

"Eu tenho uma ideia!" disse Jimmy, quando seu irmão mais velho voltou com o cobertor.

"I have an idea!" said Jimmy when the oldest brother came back with the blanket.

Ele cochichou alguma coisa para seus irmãos e os três coelhinhos, com grandes sorrisos, concordaram com a cabeça.

He whispered something to his brothers and all three bunnies nodded their heads, smiling widely.

Sem fazer barulho, eles se aproximaram do sofá e cobriram a Mamãe com o cobertor.

Quietly they approached the couch and covered their Mom with the blanket.

Cada um deles a beijou suavemente e sussurraram, "Nós te amamos, Mamãe."

Each of them kissed her gently and whispered, "We love you, Mommy."

A mamãe abriu os olhos. "Oh, eu também amo vocês," ela disse, sorrindo e abraçando seus filhos.

Mom opened her eyes. "Oh, I love you too," she said, smiling and hugging her sons.

Na manhã seguinte, os três irmãos coelhinhos acordaram bem cedo para preparar o presente surpresa para a Mamãe.

The next morning, the three bunny brothers woke up very early to prepare their surprise present for Mom.

Eles escovaram os dentes, arrumaram as camas perfeitamente e asseguraram-se de que todos os brinquedos estivessem no lugar.

They brushed their teeth, made their beds perfectly and checked that all the toys were in place.

Depois, eles foram para a sala de estar tirar a poeira e lavar o chão.

After that, they headed to the living room to clean the dust and wash the floor.

Em seguida, eles entraram na cozinha.

Next, they came into the kitchen.

"Vou preparar as torradas preferidas da Mamãe com geleia de morango," disse o irmão mais velho, "e você, Jimmy, pode fazer um suco de laranja fresquinho para ela."

"I'll prepare Mom's favorite toasts with strawberry jam," said the oldest brother, "and you, Jimmy, can make her fresh orange juice."

"Vou trazer algumas flores do jardim," disse o irmão do meio, saindo pela porta.

"I'll bring some flowers from the garden," said the middle brother who went out the door.

Quando o café da manhã ficou pronto, os coelhinhos lavaram todos os pratos e decoraram a cozinha com flores e balões.

When breakfast was ready, the bunnies washed all the dishes and decorated the kitchen with flowers and balloons.

Os irmãos coelhinhos entraram alegres no quarto da Mamãe e do Papai trazendo o cartão de aniversário, as flores e o café da manhã fresquinho.
The happy bunny brothers entered Mom and Dad's room holding the birthday card, the flowers and the fresh breakfast.

A Mamãe estava sentada na cama. Ela sorriu quando escutou os filhos cantando "Feliz Aniversário" enquanto entravam no quarto.
Mom was sitting on the bed. She smiled as she heard her sons singing "Happy Birthday," while they entered the room.

"Nós a amamos, Mamãe," gritaram todos juntos.
"We love you, Mom," they screamed all together.

"Amo todos vocês também," disse a Mamãe, beijando seus filhos. "Esse é o melhor aniversário de todos!"
"I love you all too," said Mom, kissing all her sons. "It's my best birthday ever!"

"Você ainda não viu tudo," disse Jimmy, piscando para os irmãos. "Você deveria dar uma olhada na cozinha e na sala!"

"You haven't seen everything yet," said Jimmy with a wink to his brothers. "You should check the kitchen and the living room!"

www.ingramcontent.com/pod-product-compliance
Lightning Source LLC
LaVergne TN
LVHW071725230826
846093LV00024B/536

* 9 7 8 1 5 2 5 9 4 0 0 3 3 *